Engel & **Ungeheuer**

von
Mario Giordano

Aufbau-Verlag

Viele Künstler malten Engel.
Oder Ungeheuer.
Oder beides.

Alles in der Welt ist merkwürdig und wunderbar für ein paar wohl geöffnete Augen.

José Ortega y Gasset

Das Wort »Engel« kommt aus dem Griechischen und bedeutet »Bote«.
Als Boten zwischen Himmel und Erde müssen Engel sehr schnell sein.
Deswegen haben sie Flügel.

Wissenschaftler haben bewiesen, dass Menschen mit solchen Flügeln
niemals fliegen könnten.
Sie konnten aber nicht beweisen, dass es keine Engel gibt.

Fra Angelico (um 1387–1455)
Verkündigung
Zwischen 1435 und 1440
Fresko
230 x 297 cm
Kloster San Marco, Florenz

*Alle Vernunft ist dagegen,
und alles gesunde Empfinden spricht dafür.*

Samuel Butler

Es gibt aber auch Ungeheuer mit Flügeln.

Paolo Uccello (1397–1475)
Der hl. Georg mit dem Drachen
Um 1455–1460
Öl auf Leinwand
57 x 74 cm
Nationalgalerie, London

Alessandro di Mariano Filipepi hatte einen großen Bruder,
der so dick war, dass man ihn »das Fass« nannte.
Alessandro bekam den Spitznamen Botticello, »das kleine Fass«.
Deswegen nannte er sich als Maler später Sandro Botticelli.

Seine Engel sind oft griechische Götter.
Hier pusten Zephir und Aura die Göttin Venus an den Strand.

Sandro Botticelli (1444/45 – 1510)
Die Geburt der Venus
ca. 1485
Tempera auf Leinwand
175 x 278 cm
Uffizien, Florenz

Ein paar Namen von Engeln:

Raphael, Camael, Hamiel, Michael, Gabriel, Sariel, Uriel,
Raguel, Raziel, Metatron, Cassiel, Sachiel, Rahab,
Ithuriel, Zephon, Ausiel, Sandalphon, Laila, Bardiel,
Luzifer, Israfel, Manna, Zeruel, Akriel, Barakiel, Samael,
Asmodeus, Azazel, Ezekiel, Tamiel, Puriel, Lahatiel,
Astaroth, Belphegor, Satan.

Albrecht Dürer (1471–1528)
Laute spielender Engel (Detail)
1506
Öl auf Holz
162 x 195 cm
Nationalgalerie, Prag

Ein paar Arten von Ungeheuern:

Drache, Golem, Zyklop, Vampir, Godzilla, Riese, Basilisk, Waldschrat, Zombie, Werwolf, Butzemann, Demiurg, Erlkönig, Mutant, Astaroth, Poltergeist, Terminator, Sirene, Nazgul, Ork, Puck, Morlock, Asmodeus, Minotaurus, Pan, Mammon, Klabautermann, Hydra, Kerberos, Ghul, Yeti, Umi Bozu, Nessie, Alraune, Harpyie, Cthulhu.

Lucas Cranach d. Ä. (1472–1553)
Die Versuchung des hl. Antonius
1506
Holzschnitt
40,6 x 27,9 cm
Nationalmuseum der Alten Kunst, Lissabon

Kleine dicke Engel heißen Putti.
»Putto« heißt im Toskanischen »kleines Kind«.
Raffaels Putti waren so beliebt,
dass er sie in viele seiner Bilder malte.
Vor allem in seine Heiligenbilder,
denn die Putti mussten nicht so ernst sein
wie die Heiligen.

Raffael (1483–1520)
Die Sixtinische Madonna
1513/14
Öl auf Leinwand
269 x 201 cm
Gemäldegalerie, Dresden

Matthias Grünewald war Maler, Baumeister und Wasserkünstler.
In Halle baute er Wassermühlen und Wasserspiele.
Im Kloster Isenheim bemalte er einen Wandaltar mit Engeln und Ungeheuern.
Dieses Bild regte Jahrhunderte später Pablo Picasso zu vielen Bildern an.

Matthias Grünewald (um 1475 – 1528)
Die Versuchung des heiligen Antonius
Isenheimer Altar, 1515
Öl auf Holz
265 x 139 cm
Unterlinden-Museum, Colmar

Der Legende nach zog Antonius in die Wüste,
um allein zu sein und in Ruhe zu beten.
Er litt Durst und Hunger, und bald erschienen ihm
Ungeheuer: Dämonen und schöne Frauen.
Aber Antonius ließ sich nicht beirren noch verführen.

Die Geschichte des frommen Mannes
gefiel vielen Künstlern so sehr,
dass sie sie immer wieder malten.
Bis heute.

Hieronymus Bosch (um 1450–1516)
Die Versuchung des heiligen Antonius (Details)
ca. 1510
Öl auf Holz
132 x 119 cm
Nationalmuseum, Lissabon

Das ganze Bild kann man links und rechts zuklappen.
Hieronymus Bosch malte es voller Rätsel.
Kein Mensch weiß genau, was es wirklich bedeutet.

Hieronymus Bosch (um 1450–1516)
Die Versuchung des heiligen Antonius
ca. 1510
Öl auf Holz
132 x 119 cm
Nationalmuseum, Lissabon

Man sieht nur, was man weiß.

Johann Wolfgang Goethe

Es gibt neun Arten von Engeln:
Seraphim, Cherubim, Throne, Herrschaften, Mächte, Gewalten,
Fürstentümer, Erzengel und Engel.
Darunter viele Schutzengel.

Als es zum Streit unter den Engeln kam,
wurden viele von ihnen aus dem Himmel verbannt.
Sie wurden zu Dämonen und Ungeheuern.

Pieter Bruegel d. Ä. (um 1526–1569)
Der Fall der rebellischen Engel
1562
Öl auf Holz
117 x 162 cm
Königliches Kunstmuseum, Brüssel

Caravaggio war ein Genie, aber kein Engel.
Er war sehr jähzornig und prügelte sich viel.
Einmal schlug er dabei jemanden tot.
Deswegen wurde er verhaftet und eingesperrt.
Aber er konnte fliehen und lebte
und malte und wütete weiter auf Malta.

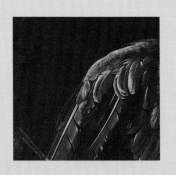

Caravaggio (1573–1610)
Amor als Sieger
1602
Öl auf Leinwand
156 x 113 cm
Gemäldegalerie, Berlin

Eigentlich hieß er Domenikos Theotokopoulos.
Er wurde in Griechenland geboren,
später zog er nach Italien und Spanien.
Dort gab er sich den Künstlernamen El Greco.
Der Grieche.

El Greco (1541–1614)
Mariae Himmelfahrt (Detail)
1607–13
Öl auf Leinwand
347 x 154 cm
Museo de Santa Cruz, Toledo

Peter Paul Rubens war nicht nur Maler.
Man schickte ihn auch als Friedensbotschafter
nach Spanien und England.

Rubens hatte so viele Aufträge,
dass er nicht alle Bilder selbst malen konnte.
Er machte ein paar sorgfältige Entwürfe,
dann malten seine Schüler die Bilder zu Ende.

Das machten damals viele große Maler.
Und viele haben als Meisterschüler
der »Großen« malen gelernt.

Peter Paul Rubens (1577–1640)
Der Engelssturz
1623
Öl auf Leinwand
433 x 288 cm
Alte Pinakothek, München

*Mein Talent ist so geartet,
dass keine Unternehmung,
sei sie auch noch so groß
und mannigfaltig
im Gegenstand,
mein Selbstvertrauen
jemals überstiegen hätte.*

Peter Paul Rubens

Francisco de Goya war 65 Jahre alt,
als es in seinem Heimatland Spanien Krieg gab.
Tausende flohen vor der Armee Napoleons.
Goya zeichnete die Schrecken des Krieges
und malte einen furchtbaren Riesen.

Francisco José de Goya (1746–1828)
Der Koloss
1808–1812
Öl auf Leinwand
116 x 105 cm
Museo del Prado, Madrid

Der Schlaf der Vernunft erschafft Ungeheuer.

Francisco de Goya

Der griechische Gott Pan ist halb Ziege, halb Mensch.
Mit seinem Aussehen erschreckt er gern Hirten
in der sommerlichen Mittagshitze.

Arnold Böcklin mochte die griechischen Sagen und ihre Geheimnisse.
Statt Kunstprofessor zu werden, malte er lieber geheimnisvolle Bilder.
Oder versuchte, mit selbst gebauten Flugapparaten zu fliegen.

Arnold Böcklin (1827–1901)
Pan erschreckt einen Hirten
1860
Öl auf Leinwand
78 x 64 cm
Kunstmuseum, Basel

Wozu über Bilder schreiben?
Die sprechen für sich selbst.

Arnold Böcklin

Zyklopen sind einäugige Riesen.
Der Sage nach leben sie auf Sizilien.
Der Zyklop Polyphemos verliebte sich
einst in die Meeresnymphe Galateia
und verfolgte sie überallhin.
Weil sie seine Liebe aber nicht erwiderte,
versuchte er,
seine Sehnsucht mit Musik zu heilen.

Odilon Redon (1840–1916)
Der Zyklop
ca. 1898–1900
Öl auf Holz
64 x 51 cm
Rijksmuseum Kröller-Müller, Otterlo

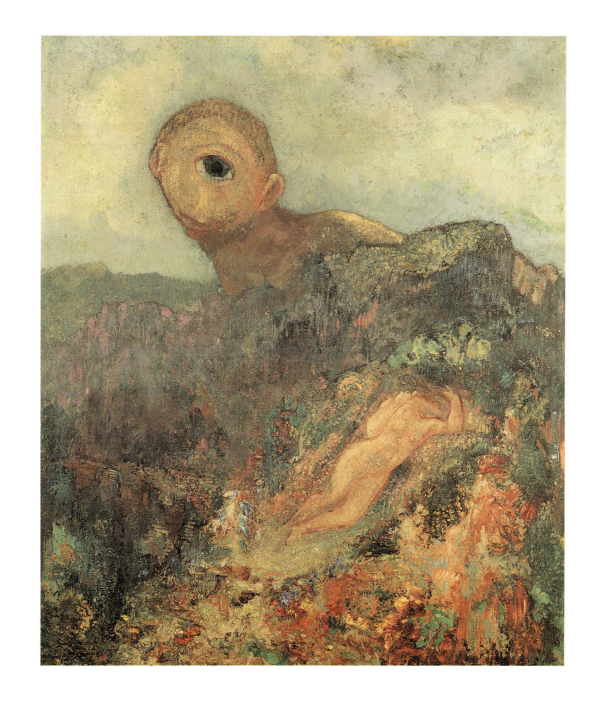

Bevor Paul Gauguin Maler wurde, war er Kaufmann und handelte mit Wertpapieren.
Als Kind lebte er in Peru, dann in Frankreich, später zog er nach Tahiti,
kehrte heim nach Frankreich und dann wieder zurück nach Tahiti.
Er malte lieber, als zu zeichnen, weil ihm beim Zeichnen die Farbe fehlte.

Paul Gauguin (1848 – 1903)
Vision nach der Predigt
(Jakob ringt mit dem Engel)
1888
Öl auf Leinwand
73 x 93 cm
Schottische Nationalgalerie, Edinburgh

*Ich schließe meine Augen,
um zu sehen.*

Paul Gauguin

Die Künstler Jakob Gautel und Jason Karaindros erfanden ein Gerät, das die Anwesenheit von Engeln messen konnte.
Es maß nichts anderes als Ruhe. Wenn es ganz still im Raum war, zeigte ein Licht an, dass gerade ein Engel durch den Raum schwebte.

Paul Klee (1879–1940)
Schellen-Engel
1939, 966 (AB 6)
Bleistift auf Papier mit Leimtupfen auf Karton
29,5 x 21 cm
Paul-Klee-Stiftung, Kunstmuseum Bern

Der kleine grüne Vogel heißt Loplop.
Max Ernst malte ihn oft in seine Bilder.
Loplop im Wald.
Loplop mit einem Bild von sich selbst.
Oder Loplop mit einem tobenden Engelsungeheuer.

Max Ernst (1891–1976)
Der Hausengel
1937
Öl auf Leinwand
53 x 73 cm
Staatsgalerie, München

M. C. Escher malte Ungeheuer und Irrgärten.
Seine Bilder stecken voller Mathematik.
Manche Wissenschaftler benutzen sie,
um komplizierte Gedanken einfacher zu erklären.

M. C. Escher (1898–1972)
Kreislimit IV
1960
Holzschnitt in zwei Farben
Durchmesser 42 cm
Gemeente Museum, Den Haag

Horst Janssen zeichnete Blumen,
Frauen, Landschaften und Tiere.
Manchmal lebendige.
Manchmal tote.
Und manchmal ungeheuerliche.

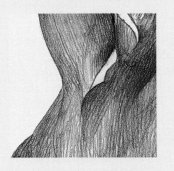

Horst Janssen (1929–1995)
Ovidu mir fehlst
1972
Bleistift und Buntstift
38,4 x 29 cm
Privatbesitz

Niki de Saint Phalle machte riesige Schutzengel aus Kunststoff, Springbrunnen mit bunten Ungeheuern und fröhliche dicke Frauen, die Nanas heißen.

In Italien hat sie einen großen Park mit ihren Figuren angelegt. Den kann man auch besuchen.

Niki de Saint Phalle (1930–2002)
Schutzengel
1997
Glasfaser und Kunstharz
riesengroß
Hauptbahnhof, Zürich

Das waren die Unterschriften der Künstler:

*Leider gibt es keine Unterschrift.
Fra Angelico war Maler und Mönch.
Er war so bescheiden, dass er sich nie
selbst malte oder seine Bilder signierte.*

Fra Angelico

Arnold Böcklin

𝄞 Hieronymus bosch

Hieronymus Bosch

𝓢𝓑.

Sandro Botticelli

PETRVS BRVEGEL.

Pieter Bruegel

Caravaggio

LC

Lucas Cranach d. Ä.

Albrecht Dürer

El Greco

Max Ernst

Max Ernst

M. C. Escher

P Gauguin

Paul Gauguin

Francisco de Goya

Matthias Grünewald

H

Horst Janssen

Paul Klee

Paul Klee

·RAPHAEL·VRBINAS·

Raffael

odilon redon

Odilon Redon

P·RVBENS·F·

Peter Paul Rubens

Niki de Saint Phalle

Niki de Saint Phalle

VCIELLI

Paolo Uccello

63

Herausgegeben von Ute Blaich

Der Autor dankt seinem Schutzengel, all den wunderbaren Verlags-Engeln und den Ungeheuern in Hamburg, Düsseldorf und Garstedt für Liebe, Leihgaben, Leberwurst und Lektorat.

ISBN 3-351-04029-6
1. Auflage 2002
© Aufbau-Verlag GmbH, Berlin 2002
Reihenkonzept Ute Henkel
Covermotiv: Max Ernst, »Schild für eine Schule für Ungeheuer«, 1968, Öl auf Leinwand, 88 x 115 cm; Privatbesitz © VG Bild-Kunst, Bonn 2002
Innengestaltung Torsten Lemme
Schrift Meta
Litho City Repro im Druckhaus Berlin Mitte GmbH
Gesamtherstellung
Società Editoriale Grafiche AZ s.r.l., Verona
gedruckt auf Gardapat
Printed in Italy

www.aufbau-verlag.de

Literatur: Norbert Borrmann: »*Lexikon der Monster, Geister und Dämonen*«, Schwarzkopf Verlag, Berlin, 2000; Wilhelm Fraenger: »*Hieronymus Bosch*«, Verlag der Kunst Dresden, Dresden, 1975; Malcolm Godwin: »*Engel – Eine bedrohte Art*«, Zweitausendeins, Frankfurt a. M., 1996; »*Harenberg Malerlexikon*«, Harenberg Lexikon Verlag, Dortmund, 2001; »*Horst Janssen – Das Tier 1946–1995*«, Verlag St. Gertrude, Hamburg, 1995; Gottfried Knapp: »*Engel – Eine himmlische Komödie*«, Prestel, München, 1999; »*Knaurs Lexikon der Mythologie*«, Droemer Knaur, München, 1989; Heinrich Krauss: »*Die Engel*«, Verlag C. H. Beck, München, 2000; E. & J. Lehner: »*Devils, Demons and Witchcraft*«, Dover Publications, Mineola (N.Y.), 1971; Paul Willenborg: »*Engel*«, Ellert & Richter Verlag, Hamburg, 1995

Bildquellen:

Max Ernst, »Der Hausengel«, 1937; Horst Janssen, »Ovidu mir fehlst«, 1971; Paul Klee, »Schellen-Engel«, 1939; Niki de Saint Phalle, »Schutzengel«, 1997 © VG Bild-Kunst, Bonn 2002
M. C. Escher, »Circle Limit IV« sowie Selbstporträt © 2002 Cordon Art B. V. – Baarn – Holland.
All rights reserved.
»Schutzengel«, Zürich Hauptbahnhof 1997
© Foto: Willi Kracher, CH-Bebikon
Horst Janssen, 1978 © Foto: Astrid Ott

Die Bildvorlagen wurden uns freundlicherweise von der AKG, Berlin (S. 7, 17, 33); der Artothek, Weilheim (S. U1, 13, 19, 21, 25, 31, 35, 39, 43, 49, 55); der Bridgeman Art Library, London (S. 11, 29, 47); der National Gallery, Prag (S. 15); der Paul-Klee-Stiftung, Kunstmuseum Bern (S. 53) sowie dem Verlag St. Gertrude, Hamburg (S. 59) zur Verfügung gestellt.

Trotz sorgfältiger Nachforschungen waren nicht alle Rechtsinhaber zu ermitteln. Etwaige Forderungen bitten wir an den Verlag zu richten.